AF562844

LOUIS MONGES
ANCIEN CONSEILLER MUNICIPAL

RÉPUBLIQUE UNITAIRE

ET

RÉPUBLIQUE FÉDÉRALE

... Si le Peuple veut obtenir son entière liberté et se gouverner lui-même, qu'il rejette la laisse gouvernementale de la centralisation, je dirai même la laisse préfectorale et municipale ; qu'il soit majeur et qu'il n'ait pas toujours recours à l'appui des dirigeants ; qu'il se souvienne que quand on crée des idoles, on crée en même temps des maîtres et des tyrans.....

MARSEILLE

1893

Louis MONGES

ANCIEN CONSEILLER MUNICIPAL

RÉPUBLIQUE UNITAIRE

ET

RÉPUBLIQUE FÉDÉRALE

... Si le Peuple veut obtenir son entière liberté et se gouverner lui-même, qu'il rejette la laisse gouvernementale de la centralisation, je dirai même la laisse préfectorale et municipale ; qu'il soit majeur et qu'il n'ait pas toujours recours à l'appui des dirigeants ; qu'il se souvienne que quand on crée des idoles, on crée en même temps des maîtres et des tyrans.....

MARSEILLE

—

1893

PRÉAMBULE

Comme républicain de l'avant-veille, voulant le maintien et le triomphe définitif de la vraie République, devant toutes les turpitudes, devant toutes les corruptions, devant toutes les concussions et je dirai même toutes les diffamations que le système centralisateur et unitaire poussé à l'excès entraîne avec lui, j'ai jugé utile, pour l'instruction du peuple, de rééditer dans une brochure, tous les articles que j'ai écrits à l'époque, au sujet de la République Fédérale.

Si le peuple veut obtenir son entière liberté et se gouverner lui-même, qu'il rejette la laisse (la corde) gouvernementale de la centralisation, je dirai même la laisse préfectorale et municipale ; qu'il soit majeur et qu'il n'ait pas toujours recours à l'appui des dirigeants ; qu'il se souvienne que quand on crée des idoles on se crée en même temps des maîtres et des tyrans, et qu'il ne pourra sortir de cette situation que par la Fédération.

M. Hovelacque, député de Paris, ayant déposé en 1890 une proposition de révision de la constitution dans le sens de la République Fédérale, je lui ai adressé une lettre de félicitations. Voici ma lettre et sa réponse :

Marseille, 18 Juin 1890.

CHER CITOYEN HOVELACQUE,

Nous avons déjà été en correspondance lors des élections générales et municipales de 1888. J'avais arboré à cette époque le drapeau de l'autonomie municipale qui, pour moi, est la pierre fondamentale de la Fédération. Nous avons été battus par la Préfecture, grâce à l'appui de tous les journaux gouvernementaux et vendus qui nous ont combattus à outrance en ne présentant qu'une liste unique sur laquelle figurait le nom de M. Baret, Maire actuel de notre ville, accolé au nom de M. Jules Roux, qui avait fait partie d'une Commission municipale nommée par M. de Tracy, ancien Préfet des Bouches-du-Rhône, ce qui vous donne une idée de l'homogénéité et de la moralité de nos adversaires.

Les mêmes journaux qui avaient soutenu cette liste au Conseil municipal, aux dernières élections législatives, ont également soutenu la candidature de M. Jules Roux, qui est aujourd'hui votre collègue à la Chambre des Députés, ce qui prouve que M. Lagarde, notre Préfet actuel, ne vaut guère mieux que son prédécesseur, M. de Tracy, de triste mémoire.

Il y a six mois environ, à cause de certaines affaires de famille, je ne m'occupais plus de politique et je ne lisais pas les journaux, lorsque ces jours derniers en parcourant un numéro du *Peuple du Var*, j'y ai trouvé votre projet de Constitution républicaine fédérale.

Permettez-moi de vous en témoigner ma satisfaction et mes sincères compliments. Je suis en communion d'idées politiques avec vous à ce sujet, et depuis longtemps j'ai écrit cette phrase (il y a vingt ans de cela) : « Thiers, dans son égoïsme bourgeois a dit : La République sera modérée ou elle ne sera pas. » Je puis dire avec plus de raison : La République deviendra fédérale ou elle est destinée à disparaître comme ses deux devancières de 1792 et 1848, la même route devant nous conduire infailliblement au même but (surtout avec la Constitution centralisatrice que nous possédons). C'est-à-dire à la restauration d'une Royauté, d'un Empire ou d'une Dictature.

La République qui nous gouverne, c'est la République de la force brutale ; il suffit qu'un coup de main criminel, soit d'en haut, soit d'en bas, réussisse à Paris, pour que la France ne se gouvernant pas fédérativement comme les Etats-Unis d'Amérique ou la Suisse, soit forcée de courber la tête et d'accepter les faits accomplis souvent devant une minorité factieuse.

Je suis seulement républicain fédéraliste, avant d'être socialiste ; quant aux autres partis qui divisent notre malheureuse patrie, s'ils sont unitaires jusqu'à l'excès, quel que soit leur nom et leur drapeau je les combats, parce que une fois arrivés au pouvoir, ils ne valent pas mieux les uns que les autres, et par la force de la Constitution unitaire, ils finissent par devenir autoritaires.

Me rappelant la fable de La Fontaine « Le chien qui lâche la proie pour l'ombre » je dirai : La République fédérale, c'est le but (la proie), c'est la vraie liberté que nous devons acquérir, pour tous. La République exclusivement unitaire c'est (l'ombre) la compression, la fausse liberté ou liberté seulement pour les gouvernants et leu partisans. Nous devons la répudier.

La Fédération n'exclut pas l'unité et l'indivisibilité de la Patri Certes, il doit y avoir des liens fédératifs qui soudent ensemble le 18 départements futurs et je le résume par cette phrase que j' écrite depuis longtemps : « La Fédération mitigée par l'unité l'unité par la Fédération. »

J'approuve entièrement votre plan de révision fédérale et j'y su rallié depuis longtemps.

Voici le pronostic que j'ai porté sur l'avenir de la République, c'est par là que je terminerai aujourd'hui :

« La République est le Droit. Le Droit est imprescriptible e immortel, par conséquent elle est au-dessus de tous les plébiscite et de tous les événements.

« La République peut être éclipsée plus ou moins longtemps, même durant plusieurs siècles, mais elle finit toujours par triomphe et par renaître de ses cendres. »

Dans l'avenir la lutte électorale devra s'établir entre les partisans du Fédéralisme ou de la Liberté pour tous et les partisans de l'unité outrée ou les amis de la Liberté pour eux et pour les castes privilégiées. Seulement tous les autres groupes : opportunistes, radicaux, socialistes, conservateurs, etc., doivent disparaître devant cette grande idée émancipatrice de la Fédération !

Recevez, cher citoyen, etc.

L. MONGES, *ex-Conseiller municipal.*

Voici la réponse de M. Hovelacque :

Monsieur MONGES, ancien Conseiller municipal.

CHER CITOYEN,

Je suis heureux de l'adhésion que vous m'envoyez. A en juger par le nombre de lettres qui m'arrivent, je pense que le moment est arrivé de déposer la proposition. Avec le régime administratif actuel, le pays s'enlise de plus en plus. Il faut le tirer énergiquement du bourbier.

Mon nombre de 18 départements n'a, bien entendu, rien de fatidique. Toute autre délimitation meilleure est acceptée à l'avance. Si je tiens toutefois à un nombre restreint, c'est que je veux que ces régions puissent avoir leur vie propre et être à même de mettre en œuvre les attributions que leur confère ma proposition. Tout ce qui est d'ordre régional doit être réglé par les assemblées régionales, et le pouvoir exécutif de ces assemblées doit émaner non de l'Etat, mais bien d'elles-mêmes. C'est ainsi que l'on pensait de 1789 à 1799. Mais nos modernes opportunistes ou opportuno-radicaux, ce qui est tout un, prennent comme institutions de la révolution, les institutions consulaires de l'an VIII.

Il faut en appeler au pays mieux éclairé. C'est ce que je tâche de faire.

Recevez, cher citoyen, mes sincères sentiments.

Signé : Hovelacque.

RÉPUBLIQUE UNITAIRE

ET

RÉPUBLIQUE FÉDÉRALE

Constatations

Devant les faits qui se sont accomplis depuis 1870; devant les palinodies et le parjure de certains de nos hommes politiques; devant les atteintes portées journellement à nos libertés et à l'autonomie de la Commune; devant l'apeurement de ceux qui auraient du les défendre; devant l'affolement et la division du parti républicain, dont une bonne fraction ayant perdu le sens moral de la conservation et malgré l'expérience de notre histoire (18 Brumaire, an VIII et 2 Décembre 1851), est prête à se jeter dans les bras d'un prétendu sauveur, d'un nouveau dictateur, et surtout devant la glorification de la royauté et la continuation du martyrologe du peuple, nous sonnons la cloche d'alarme.

En République

Le 22 septembre 1792, la Convention nationale se réunit pour la première fois, il y était question de l'abolition de la royauté. L'abbé Grégoire, homme intègre et patriote avant tout, monte à la tribune. Il répond aux hésitants, aux Girondins, les opportunistes de l'époque : « Qu'est-il besoin de discuter ? Les rois sont à l'ordre moral ce que les monstres sont à l'ordre physique. Les cours sont l'atelier du crime et la tanière des tyrans. L'histoire de la royauté est le martyrologe des peuples. » Les tribunes et les députés applaudissent avec frénésie à ces paroles au cri de : Vive la Nation ! L'assemblée enthousiasmée, décrète la déchéance de la royauté et acclame la République sortant ainsi triomphante du sépulcre où les tyrans croyaient l'avoir à jamais plongée.

Le Droit et l'Immortalité de la République

Nous nous sommes servi du mot *acclamer* plutôt que de celui de *proclamer*.

La République est le droit. Le droit est imprescriptible et immortel, par conséquent elle est au-dessus de tous les plébiscites et de tous les événements.

La République peut être éclipsée plus ou moins longtemps, même durant plusieurs siècles, mais elle finit toujours par triompher et renaître.

On revendique la République, on l'acclame, on la défend; on meurt pour elle, mais on ne la proclame pas.

La proclamation est toujours l'effet de la force brutale. La proclamation d'une royauté ou d'un empire n'est que le triomphe de la tyranie et de l'égoïsme. Quand l'effet cesse, la royauté et l'empire sont déchus, tandis que la République étant le Droit, ne peut jamais déchoir.

Centralisation et Décentralisation

Les opportunistes se sont prononcés pour le gouvernement un et indivisible de la centralisation nationale, et en même temps ils se déclarent pour la décentralisation; ils jouent sur les mots. Nous leur répondrons que tous les peuples ont un gouvernement central, mêm les républiques fédérales, tels que *les Etats-Unis d'Amé rique à Washington et la Suisse à Berne.*

Ces deux républiques modèles savent joindre l'unité la Fédération, et c'est le gouvernement que nous désire rions pour notre patrie comme étant celui où les coup d'Etat sont impossibles, où le Président et le Sénat n sont une menace pour personne, grâce à leur divisior fédérative.

En effet, si le président d'une de ces deux républiques voulait faire un coup d'Etat, il pourrait fort bien réussir au siège du gouvernement, mais toutes les provinces se soulevant contre lui, l'auraient bientôt anéanti et fait rentrer dans la légalité. Tandis qu'avec notre gouvernement centralisateur, avec les pouvoirs que la constitution française lui donne, surtout avec le droit exorbitant qu'il a de nommer à tous les emplois militaires et civils, s'il est malhonnête homme comme les Bonaparte, le président pourra, lorsqu'il aura mis toutes ses créatures en place et préparé de longue main sa trahison, fouler les lois et la Constitution aux pieds comme au 18 brumaire et au 2 décembre et se faire proclamer roi ou empereur comme sauveur de la société. Le Peuple Français ne se gouvernant pas fédérativement, ne pourra s'opposer à la violation de la loi et de la Constitution. Il suffira qu'un bandit, un César de rencontre, se rende maître de Paris pour être maître de toute la France.

Coup d'Etat Présidentiel

A la possibilité d'un coup d'Etat présidentiel, on nous objectera deux arguments.

Le premier, c'est qu'il y a un ministère responsable qui s'opposerait aux agissements de la présidence. Le ministère n'est pas un embarras ; on le casse aux gages, comme le ministère de la veille du 2 Décembre pour le remplacer par le ministère des Morny, des Saint-Arnaud et des Maupas, ou comme le ministère Jules Simon, à la veille du 16 Mai, pour le remplacer par le ministère de l'ordre moral Broglie, Fortou et Cie. On nous dira aussi que les deux tentatives de l'ordre moral, le 24 mai 1873 et le 16 mai 1877, ont piteusement échoué, car le peuple était prêt à défendre la République. Nous le croyons et nous en sommes certains. Mais nous répondrons : Qui s'amuse avec le feu risque de se brûler. Il vaut mieux éviter la guerre civile que d'y recourir. Comme exemple, nous donnons le parallèle de :

BOULANGER et BONAPARTE (1)

Les événements politiques qui se déroulent actuellement prouvent les dangers de l'armée unitaire ; nous pourrions être menacés d'un *pronunciamiento* militaire, comme au 18 brumaire. Le général Bonaparte qui avait violé toutes les lois malgré les ordres du Directoire, en quittant sans aucune autorisation, et cela dans le cours d'une campagne, le commandement de l'armée d'Egypte que de sa propre autorité il avait laissé sous les ordres du général Kléber, entra en France malgré l'opposition du gouvernement, et, le 18 brumaire, à la tête de ses prétoriens et janissaires de l'armée unitaire, jetait l'assemblée des Cinq Cents à la porte. Voilà l'histoire !

Aujourd'hui, un cas identique pourrait se produire. Il est vrai que le général Boulanger n'a pas à son actif les victoires d'Italie, ni celles d'Aboukir et des Pyramides ; il est vrai que l'on nie aussi le projet d'un coup d'Etat. — Le général Bonaparte niait son noir dessein une heure avant de l'exécuter. Voici les paroles qu'il prononça

---

(1) Cet article a été écrit alors que Boulanger était dans son apogée.

à l'assemblée des Anciens (le Sénat de la Républiqu à cette époque et qui la laissa égorger) : « *On m'abreuv de calomnies, on parle de César, de Cromwel, o parle du gouvernement militaire Je vous le jure représentants du peuple, la patrie n'a pas de plu zélé défenseur que moi* », et il terminait son discour en s'écriant : *Sauvons la liberté ! Sauvons l'égalité* (C'est ce que disait aussi le général Boulanger aux électeurs de la Seine). Le général Bonaparte perpétra son coup d'Etat en sortant de l'assemblée des Anciens. On nous dira que nous sommes pessimistes ; les membres de l'assemblée des Cinq Cents étaient optimistes et ils se rendirent sans défiance au traquenard de l'orangerie de Saint-Cloud que le traître Bonaparte leur avait tendu: Avec une république et une armée fédérales, rien de semblable à craindre. Qui a créé cette situation ? Nos députés opportunistes et radicaux, par leur ineptie, leur incapacité et leur tripotage, et malgré la phrase célèbre de Gambetta : « Nous sommes pour la table rase de leurs mandats. » Nous ne sommes ni Boulangistes, ni Ferrystes, ni Floquistes, ni Clémencistes ; tous ces gens-là nous les jugeons à la même aune et nous les mettons tous dans le même sac.

Convention de 1792 et avantages de la Fédération

Si la Convention avait pu allier à l'unité nationale la fédération dans la liberté, depuis 1792 nous serions en République. Le 18 Brumaire, la Restauration, Louis-Philippe Ier, le 2 décembre 1851, etc., auraient été évités. Nul doute qu'en ce moment, l'Europe serait en fédération républicaine, ce qui constituerait pour nous un grand avantage, car l'on aurait obtenu le licenciement de toutes les armées permanentes, la suppression de l'obéissance passive (nous n'aurions pas eu à nous occuper du projet de loi Laisant pour la réduction du service militaire à trois ans, ni de la suppression du volontariat d'un an et des milliers de bras auraient été laissés au service de l'industrie et de l'agriculture). Par la République Fédérale sociale, nous arriverons à ces résultats ; les peuples ne se seraient plus fait la guerre pour le bon plaisir des rois, la fraternité aurait régné et les armées n'existant plus, elles n'auraient pas prêté main forte aux faiseurs de coups d'Etat. Nous aurions également obtenu une forte économie pouvant servir à l'instruction populaire, à l'amélioration des canaux et des routes, à l'endiguement des fleuves et au reboisement des montagnes pour éviter les inondations périodiques ; à la création des orphelinats, des asiles pour la vieillesse et d'une caisse de retraite pour les invalides du travail des deux sexes, en un mot à la prospérité publique. Malheureusement, la Convention ne put entrer dans cette voie ! 70 départements insurgés contre elle, les émigrés conspirant à l'étranger, elle dût au moment du danger, centraliser tous les pouvoirs. Energique, elle vainquit l'insurrection royaliste et sauva la France de l'invasion étrangère.

Malgré leur divergence d'opinions, nous devons glorifier ces titans de la première révolution.

Restauration Monarchique (1815)

Un autre argument que nous ferons valoir en faveur de la fédération, c'est qu'à l'époque de la Restauration, lorsque Louis XVIII nous octroya gracieusement une charte qui annulait toutes les constitutions républicaines et impériales, il ne conserva de la révolution qu'une seule chose : la centralisation du gouvernement et la division de la France en départements gouvernés par ses préfets, très humbles serviteurs de la royauté ; ces derniers commirent ou laissèrent commettre les excès connus sous le nom de terreur blanche. Puisque la centralisation peut amener de pareils résultats, puisqu'elle est à l'avantage de la royauté, elle est par conséquent au détriment du peuple.

Projets Constitutionnels

Nous devons travailler à l'établissement d'un gouvernement fédératif, ou à l'unité mitigée par la fédération et la fédération mitigée par l'unité. Si nous avions soutenu pareille thèse en 1793 nous l'aurions payé de notre tête. Il est vrai que si nous avions vécu à cette époque, devant les dangers que courait la patrie, nous serions devenus : un et indivisible. Mais ce n'est pas une raison si les géants de l'épopée révolutionnaire n'ont pu accomplir ce programme ; ce n'est pas une raison, disons-nous, pour suivre les mêmes errements.

Voilà pourquoi nous désirons le plus tôt possible la révision de la Constitution dans ce sens. Avec une République fédérale la question sociale se résoudrait beaucoup plus facilement ; nous conquérions toutes nos autres libertés. Nous obtiendrions surtout l'autonomie administrative de la Commune, liberté primordiale d'où découlent toutes les autres libertés et pierre fondamentale de la fédération.

La Liberté !

« Liberté pour tous tant qu'elle ne porte pas atteinte à la liberté d'autrui. La liberté de l'individu doit se limiter par celle de la collectivité, et la liberté de la collectivité par celle de l'individu.

« Nous voulons surtout que l'on ne porte pas atteinte à notre liberté en nous faisant mourir de faim ! »

Stabilité Fédérale et Instabilité Unitaire

La confédération Suisse existe depuis Guillaume-Tell (1354). La république fédérale des Etats-Unis d'Amérique fondée en 1775 avec le concours de l'assentiment de la France par l'intermédiaire de Lafayette et de ses compagnons, continue d'exister et de prospérer. Depuis cette époque nous avons fait l'essai de deux Républiques (1792 et 1848), qui ont échoué parce qu'elles étaient seulement unitaires et centralisatrices. Nous faisons l'essai d'une troisième République. Réussira-t-elle mieux que ses deux devancières? Nous suivons les mêmes errements; elle est encore unitaire dans la centralisation, et la même route doit encore nous conduire infailliblement, tôt ou tard, au même but : à la restauration d'une royauté ou d'un empire.

Thiers, dans son égoïsme de bourgeois exploiteur, disait : « La République sera modérée ou elle ne sera pas. » On peut dire avec plus de raison : « La République deviendra fédérale ou elle est condamnée à disparaître. »

Les exploiteurs du peuple et ceux qui se sont laissé bercer par les grands mots *d'une et indivisible*, vont me dire : Vous voulez la division, la suppression, la disparition, la ruine de la France. A toute cette clameur, à tous ces grands mots vides de sens, nous répondrons en montrant les républiques Suisse et des Etats-Unis : Voyez si elles n'existent pas !

Oui, nous le déclarons hautement, nous sommes pour l'unité et l'indivisibilité de la République Française, non dans la centralisation poussée à l'excès, non dans une constitution bâtarde et royale de transaction en attendant l'avènement d'un roi; mais pour l'unité et l'indivisibilité du territoire français dans la fédération, dans la liberté, c'est-à-dire liberté de l'individu, liberté collectivité se respectant mutuellement. Ce n'est que la République une et fédérale que nous obtiendrons liberté universelle où il n'y aura plus d'exploités ; tan que la République une et centralisatrice représente liberté de la majorité et l'oppression de la minorité.

Prenons les élections générales et législatives de France, le corps électoral, composé de 10,000,000 d'éle teurs environ ; 8,000,000 prennent part au vote, les vo se répartissent ainsi : la fraction formant la majori obtiendrait 4,200,000 voix et la fraction composant minorité 3,800,000. Il ne faudrait que le déplacement 250,000 voix pour changer la majorité en minorité.

Voilà donc cette faible majorité qui va légiférer a nom de la nation française, et souvent, par passion opprimer la minorité. Comme le suffrage universel es changeant, tels les vents, dans les élections successi ves, les différentes fractions représentant même le par républicain, se remplacent les unes les autres, et défon souvent ce que leurs devancières avaient fait. C'est ce qu est cause des tiraillements et des changements que nou avons éprouvés depuis 1789.

Avec une Constitution unitaire et fédérative proclamant l'autonomie administrative de la Commune et de la province, ces faits ne pourraient plus se produire. Nous aurions une République stable, durable et immortelle, et nous ne craindrions plus qu'en un moment de trouble, une assemblée quelconque, ne dépendant que de sa conscience, comme disent certains députés, ne vînt à nous imposer une monarchie quelconque.

Ainsi que nous l'avons déjà écrit, c'est l'unité mitigée par la Fédération et la Fédération mitigée par l'unité que nous désirons. Il doit y avoir une certaine unité : unité de politique et de patriotisme pour repousser l'ennemi, si jamais le sol de la Patrie était envahi.

Stabilité de la Fédération sur l'Unité Centralisatrice

Un de nos amis ayant opposé à notre argumentation, ue d'autres Républiques fédérales et américaines avaient prouvé de grandes commotions politiques, et il nous itait entre autres la République Mexicaine et la Répu- lique Argentine qui avaient eu à supporter la dictature et les cruautés de son président Rosas (1829 à 1852), t nous ajouterons même pour cette année-ci la nouvelle République fédérale du Brésil contre leur président Balmarès. Voici notre réponse : Ces trois Républiques étant fédérales, leurs provinces ont fini par se liguer contre leurs dictateurs et sont parvenues à les renverser. Nous citerons encore la guerre de Sécession des Etats-Unis pour l'abolition de l'esclavage. Les Etats du nord s'étant prononcés pour l'abolition et les Etats du sud voulant le maintiendu trafic de la chair humaine. en vinrent à la guerre civile. Si les Etats-Unis d'Amérique n'ont pas sombré en ce moment, c'est grâce à leur division fédérale et même pour démontrer leur force de stabilité et de leur vitalité nous rappellerons que leur président Lincoln fut assassiné pendant la durée de cette guerre (1865), et que malgré ce tragique événement, le droit a vaincu, et que la République des Etats-Unis est plus florissante que jamais, qu'elle a soldé toutes ses dettes et que ses impositions sont bien moindres que dans tous les Etats royaux et unitaires d'Europe. (1) Tandis qu'en France, avec notre gouvernement : un, indivisible et centralisateur, il suffit du premier dictateur venu, d'un Bonaparte ou

---

(1) Une amnistie générale fut proclamée par le gouvernement fédéral à la terminaison de la guerre civile, les deux armées belligérantes déposèrent les armes et chacun rentra dans ses foyers et ne fut plus inquiété et le président du sud, Jefferson Davis, expulsé de sa patrie y rentra quelque temps après et il y vécut tranquille. Quelle différence avec la France si on se rappelle la Commune de Paris !

d'un Boulanger, qui par un coup de force se rende maître de Paris pour être maître en même temps de toute la France.

L'Unité néfaste en cas de Guerre Etrangère

Une autre conséquence de l'unité et de l'indivisibilité, c'est que dans un cas de guerre étrangère, une fois la capitale prise, toute la nation se trouve vaincue, et l'on est forcé de traiter de la paix, comme cela nous est arrivé dans la néfaste guerre contre la Prusse (1870-1871). Ce ne sont pas seulement les armées allemandes qui nous ont vaincus, mais c'est encore l'unité et l'indivisibilité de notre gouvernement et, comme dans le jeu des échecs, quand le roi est échec et mat la partie est perdue. Si à cette époque, nous avions été une Fédération au lieu d'un gouvernement un et indivisible, si au lieu d'être morcelée en 89 départements, ce qui est trop de divisions, la France n'avait été divisée qu'en 18 provinces, la capitulation de Paris, capitale seulement d'une province française, n'aurait été qu'un simple accident de guerre, il serait resté encore au moins une quinzaine de provinces non envahies qui auraient pu par la continuation de la lutte changer les chances et ramener la victoire sous nos drapeaux.

D'ailleurs, comme notre ami Cluseret, en parlant de Paris après l'élection du général Boulanger (27 janvier), nous nous écrions : Plus de la dictature de Paris ; quand on est bête on rentre, dans les rangs.

Unité de l'Instruction et de l'Education

Nous reconnaissons que dans une nation où les hommes sont appelés à vivre en société, l'instruction et l'éducation doivent être nationales. Elles doivent être *unes, laïques, gratuites et obligatoires ;* par là nous arriverons à la véritable unité des mœurs, à celle qui ne s'impose pas, et qui, par la suite acceptée par tous, sera le triomphe de la solidarité républicaine sur l'égoïsme monarchique. Nous ne craindrons plus alors des guerres suscitées par l'ambition et le fanatisme religieux, et ce sera aussi le triomphe de la vraie liberté de conscience par la séparation de l'Eglise et de l'Etat. Il doit y avoir une unité pour le code civil, pour le code criminel, pour le code de commerce, mais nous devons déclarer que tous les codes ont besoin d'être revus et profondément modifiés.

Il doit y avoir une unité dans les grands travaux d'ensemble et nationaux.

Hors de là, la province et la commune doivent être laissées complètement libres. Il y a cependant une unité que nous repoussons, c'est l'unité de l'armée en temps de paix. Puisque les circonstances où nous vivons nous forcent d'être une nation armée pour garantir notre indépendance, comme nation, conservons l'armée puisque nous y sommes forcés pour le moment, mais que cette armée ne devienne unitaire que devant l'ennemi étranger et, qu'en temps de paix elle soit fédérale : *chacun soldat dans sa province*, l'armée unitaire ayant été jusqu'à ce jour le levier des coups d'Etat.

Nous allons démontrer comme quoi les fédéralistes socialistes actuels sont les continuateurs des Montagnards de 1793 et comme quoi les opportunistes et même les radicaux unitaires centralisateurs sont les successeurs des Girondins.

L'égoïsme jusqu'à ce jour, a régné sans partage parmi le plus grand nombre des hommes. Aussi, beaucoup d'entre eux qui, d'un radicalisme le plus accentué lorsqu'ils sont simples candidats ou lorsqu'ils souffrent et se trouvent dans la détresse, arrivés au pouvoir, deviennent du plus pâle opportunisme et même, suivant les circonstances, royalistes ou impérialistes. Exemple : les Emile Ollivier. Il y en a même qui ont eu l'impudence de vous dire : « Tels temps, telles mœurs. » Ce langage nous a été tenu dans les bureaux d'un ancien journal radical de Marseille, dont plusieurs des anciens rédacteurs occupent en ce moment des emplois supérieurs dans l'administration gouvernementale une et centralisatrice.

Les anciens Girondins ou les opportunistes de 1792, étaient fédéralistes au moment où l'unité et la centralisation étaient devenues momentanément nécessaires devant l'invasion du territoire de la République par les armées étrangères qui nous menaçaient de venir rétablir Louis XVI sur le trône, devant la conspiration des royalistes qui pactisaient avec les ennemis de la France. Pourquoi étaient-ils fédéralistes au moment du danger où il fallait être un et indivisible ? Parce qu'ils étaient guidés par leurs intérêts particuliers, parce qu'ils croyaient, grâce aux malheurs de la Patrie, se rendre maîtres du peuple et l'exploiter davantage. Honneur, honneur aux géants de la Montagne de 1792-1793 qui ont vaincu en ce moment et sauvé l'intégrité du territoire de la République Française.

Mais vous venez de faire l'éloge de la République unitaire et centralisatrice, et de ses partisans, nous dira-t-on ! Oui, au moment du danger, au moment de l'envahissement de notre Patrie : nous nous joignons à tous les patriotes et nous courons aux armes pour la défense de notre Mère Commune !

Mais aujourd'hui, le danger étant passé, nous reprenons en plénitude notre liberté, nous la voulons tout entière pour nous et pour nos concitoyens, et, en voyant ce qui se passe depuis le 9 thermidor, nous redevenons fédéralistes.

Les rôles sont changés. Les opportunistes ou les Girondins actuels sont devenus unitaires centralisateurs ou autoritaires à la manière de la Restauration. Pourquoi ?

Parce que comme les Girondins fédéralistes, ils possèdent les moyens de mieux exploiter les masses et les crédules; c'est la continuation de la revanche du 9 thermidor, de la Gironde sur la Montagne.

A cette accusation les unitaires actuels protesteront, sans doute, en répondant qu'ils sont anti-cléricaux, qu'ils ont fait fermer les couvents non autorisés, qu'ils sont aussi partisans dans une certaine limite de la décentralisation administrative. Oui, mais ce sont quelques bribes lancées au peuple, contraints et forcés qu'ils sont par l'opinion publique. Mais d'où vient, leur dirons-nous, que depuis que vous êtes au pouvoir, le budget des cultes est toujours maintenu? D'où viennent toutes les atteintes portées à la liberté de la commune et du département; toutes ces insultes que votre gouvernement prodigue à nos édiles et qu'ils supportent d'une manière si stoïque? Que sont devenus tous ces beaux programmes républicains écrits sur le papier seulement ? En nous rappelant toutes ces promesses, nous nous écrions : A bas les masques ! Ceci me remémore quelques lignes que j'écrivais à l'époque. C'est par là que je terminerai ce chapitre.

« Depuis longtemps, j'entends parler des libertés municipales. Comme ancien conseiller municipal, je les cherche avec la lanterne de Diogène, et je vous avoue que je ne les ai pas encore trouvées. Les lois qui régissent nos municipalités sont les chaînes et les prisons de nos franchises municipales, que l'on nous a confisquées subrepticement. C'est à nous, par notre énergie et nos votes républicains, à nous les faire restituer. Les communes sont mineures, vos conseillers municipaux sont, par conséquent, des mineurs sous la tutelle des préfets, qui ne sont pas toujours des tuteurs bien commodes et bien convenables ; ils traitent souvent les conseillers municipaux comme des pantins. Tant qu'ils tiennent les ficelles tout va bien. Mais si un Conseil municipal républicain fait acte d'indépendance dans l'intérêt de la Commune et du peuple, ce Conseil municipal est suspendu, dissous et quelquefois insulté. Cette situation, qui a trop duré, ne convient pas à la dignité des hommes libres et républicains. Cela doit avoir un terme. La liberté de la Commune est la liberté primordiale, *sans laquelle le mot de République n'est qu'un mensonge.*

Si cet état de choses devait longtemps se continuer, on finirait par chanter à nos Conseillers municipaux :

Pantins que vous êtes,
Dansez, nos amours,
De vos pirouettes,
Nous rirons toujours.

République Romaine et République Française

Le Gouvernement centralisateur de la France actuelle n'est qu'une copie de la République romaine autocrate. On sait ce qu'il y avait d'abus dans cette République à esclaves dont les citoyens soi-disant libres avaient droit de vie et de mort sur leurs femmes, leurs enfants et leurs serviteurs.

Voici ce que nous lisons dans l'histoire romaine de Th. Bachelet :

« Enfin, ce fut une tactique très adroite que de ne point donner à tous les Italiens le même régime politique. Certaines villes qui n'auraient pas résisté à la conquête et dont la fidélité ne s'était pas laissé absorber, furent spécialement favorisées. On les appelait municipes, c'est-à-dire villes libres. Elles conservaient leurs lois particulières ; leurs magistrats et leurs habitants, investis des droits du citoyen romain, pouvaient en allant s'établir à

Rome, voter dans les assemblées et prétendre aux honneurs. Venaient ensuite les villes de droit latin, dont les habitants avaient le droit de cité romaine à la condition d'avoir exercé une magistrature ; les villes de droit italique où l'on était exempt de l'impôt foncier.

Les villes alliées ou fédérées qui ne participaient en rien au droit de cité romaine, dont les lois propres étaient respectées ; enfin les préfectures, villes punies de leur résistance ou de leur rebellion et qui recevaient de Rome, chaque année, un Préfet chargé de les administrer et libre de les soumettre à toutes ses exigences. Il est évident que les Italiens placés dans des conditions aussi inégales, n'avaient pas d'intérêt à se liguer contre Rome ; les uns avaient trop à perdre par la révolte, les autres trop à gagner en demeurant fidèles. »

Rome gouvernait par la division, elle n'était pas une République égalitaire. En France, nous sommes gouvernés par la centralisation ; le niveau égalitaire y a passé. Nous sommes, il semble, tous égaux devant la loi, mais est-ce dans le sens de la liberté ou de la servitude ? Avons-nous l'autonomie administrative de la Commune, comme les anciennes villes libres de la République romaine, ou sommes-nous soumis aux caprices d'un Gouvernement centralisateur, dans les personnes de ses Préfets ?

De l'égalité dans la liberté, nous devons l'accepter ; mais de l'égalité dans le servage, dans la compression, notre dignité d'homme et de citoyen nous fait un devoir de la repousser. Toutes nos Communes françaises, comme des villes insoumises, sont soumises à la volonté d'un Gouvernement central, par l'intermédiaire d'un Préfet. L'établissement des Préfectures est l'état de siège civil permanent.

— Les Préfets n'ont-ils pas le pouvoir, quand ils le jugent convenable, de requérir la force armée ?

Mais, répondra-t-on, les Préfets ne sont pas institué dans le même sens que les anciens Préfets romains. I y a des lois qu'ils ne peuvent pas enfreindre, ils son seulement établis comme tuteurs des Communes, comme pouvoir pondérateur, modérateur, ainsi que le Sénat est le pouvoir modérateur des élus de la nation française. Avec tous ces pouvoirs pondérateurs et modérateurs, on ne crée que des conflits et on joue à la révolution ou à un coup d'Etat dans un moment donné.

On trouve toujours un sauveur intéressé pour sauver la société. On considère le peuple français comme mineur et comme ne pouvant s'administrer lui-même. Alors, nous vous demanderons, hypocrites que vous êtes, à quoi sert le suffrage universel ! Supprimez-le immédiatement et revenons au gouvernement aristocratique du moyen âge.

Le Préfet est pouvoir pondérateur vis-à-vis des communes. Quoi, voilà un Conseil municipal composé de 36 élus de la population, natifs ou habitant depuis longtemps la commune, ayant dans son sein des citoyens d'un âge mûr, de 50 à 65 ans. Ne seront-ils pas plus aptes qu'un jeune Préfet de 30 à 40 ans, envoyé par le Gouvernement central, venant de nous ne savons où et auquel le pays est complètement inconnu ? Ne seront-ils pas plus aptes pour l'administration de leur commune et de leurs propres intérêts ? Mais on répondra : le Préfet n'est pas seul : il est assisté de son Conseil de préfecture. Oui, Conseil composé de cinq ou six jeunes gens de 25 à 30 ans, avocats sans causes, qui, voulant gagner leurs galons, devenir secrétaires généraux, sous-préfets et préfets par la suite, répondront à toutes les demandes du Gouvernement ou du Préfet, comme Pandore répondit à son brigadier : « Brigadier, vous avez raison. »

Certains lecteurs nous reprocheront de nous répeter souvent dans nos articles ; mais la grande majorité est en ce moment comme les enfants à qui l'on apprend à lire. C'est à force de leur répéter les lettres qu'on parvient à les leur apprendre. Il en est de même de certaines vérités politiques et de liberté. On a besoin de les répéter souvent pour les inculquer dans l'esprit du peuple.

Nous allons traiter de la loi et surtout de la légende : « *Dura lex, sed lex* ».

La loi est dure, mais c'est la loi.

Les premiers hommes vivaient à l'état sauvage, leur liberté était illimitée et la force physique, chez eux, primait le droit. Malheureusement, on pourrait dire qu'il en est de même aujourd'hui, où l'astuce, sous le nom de loi, est venue se joindre à la force brutale pour la déguiser. Certaines célébrités historiques ne prenaient pas la peine de la dissimuler, tel ce chef gaulois qui, faussant le poids de la rançon de Rome, sur l'observation qu'on lui en fit, jeta son épée dans la balance, en s'écriant : « Malheur aux vaincus ! » Tel aussi, certain homme d'Etat de notre époque, qui à la France vaincue, osa dire brutalement : « La force prime le droit ». On avouera que tel ne doit pas être l'état normal d'une société se disant civilisée.

Les hommes en s'unissant formèrent les premières familles, qui en se groupant, constituèrent l'ébauche des premières sociétés connues sous le nom de tribus. Ces tribus étaient nomades, elles ne vivaient que des produits de la chasse, de la pêche et des fruits que produisait la terre : elles se faisaient la guerre entre elles et elles tuaient ou réduisaient à l'état d'esclavage les vaincus. Il existe encore de nos jours de ces tribus, et même en Océanie et dans l'intérieur de l'Afrique, des peuplades sauvages adonnées entre elles à l'anthropophagie.

Les mœurs s'étant peu à peu adoucies, les hommes se mirent à cultiver la terre, à élever des troupeaux et ils s'attachèrent ainsi au sol natal ; ils commencèrent à s'abriter sous des tentes, à construire des huttes et enfin des maisons, surtout en Europe, en Asie et sur le littoral de l'Afrique.

Ce nouveau groupement créa des communes, puis amena la fondation des provinces et des états.

Il en résulta aussi des contrats sociaux ou constitutions, d'où découlèrent successivement les lois qui régissent aujourd'hui les sociétés actuelles.

Le premier gouvernement aurait dû être la République Fédérale. Mais, la force brutale primant le droit, les peuples, vaincus, s'efféminant par les jouissances matérielles, se laissèrent tromper pas les plus fins, par les beaux diseurs, par les exploiteurs.

Ils se laissèrent aussi enchaîner par ce grand mot « d'unité nationale » qui, poussé jusqu'à la centralisation la plus outrée, les dépouillait des libertés qui auraient dû leur être les plus précieuses.

Le contrat social, ainsi que toutes les lois qui en dérivent, doivent être faits dans l'intérêt de tous et non pas dans celui de quelques castes privilégiées, au détrimen de la grande majorité. On dit que l'on doit respecter la constitution et les lois ; d'accord, mais tout autant qu'elles sont perfectibles. J'admets que nos députés, qui ne sont pas infaillibles, puissent se tromper de bonne foi, mais du moins doivent ils écouter les revendications du peuple et les appliquer dans le sens de la plus large liberté.

La légende : *Dura lex, sed lex* « La loi est dure, mais c'est la loi » est la critique la plus sévère qu'on puisse en faire, c'est dire que la loi est mauvaise, qu'on s'y soumet parce qu'elle représente la force, mais que si un jour on devient à son tour cette même force, on l'appliquera avec rigueur à ses ennemis. Voilà ce qu'on fait depuis 1789, au lieu d'annuler en bloc toutes les constitutions et lois liberticides de la monarchie et de l'empire, et d'en revenir à la République Fédérale et à la Constitution des droits de l'homme.

Malheur aux peuples qui peuvent dire : *Dura lex, sed lex* ; un citoyen le dit, dix, cent, mille et des millions finissent par le dire et ce sont des révolutions successives, à des époques indéterminées.

Il en sera ainsi tant que nos mandataires n'auront pas modifié la Constitution et les lois dans le sens de la vraie liberté, de la fédération universelle des peuples. Sans la République Fédérale, nous aurions toujours l'épée de Damoclès suspendue sur nos têtes, c'est-à-dire la révolution.

Il faudra que par la suite, au lieu de dire : *Dura lex, sed lex,* on puisse dire : *Sed lex, sed libertas* ; nous respectons et nous obéissons à la loi parce qu'elle représente la liberté, la justice et le droit, et qu'en lui obéissant, c'est la liberté individuelle et la liberté de la collectivité que nous glorifierons.

CONCLUSION

Par ce qui précède, nous croyons avoir suffisammen prouvé que la République fédérale, tout en n'excluan pas l'unité nationale était la seule vraie, tandis que l République unitaire et centralisatrice telle qu'elle es instituée en France, n'est que la continuation de l royauté et le masque sous lequel se cachent les faux républicains et les exploiteurs du peuple. En effet, notre Constitution actuelle est, au fond, monarchique. Il y aurait très peu de changements à faire pour l'approprier à la royauté, en remplaçant dans l'article premier le mot de gouvernement républicain par celui de monarchie et en remplaçant la présidence septennale par la royauté héréditaire. Voilà la Constitution que les opportunistes veulent nous conserver et qu'ils considèrent comme leur arche avec laquelle ils exploitent les crédules.

Quoique nous nous répétions, en terminant cette étude, nous rappellerons sommairement les principaux arguments que nous avons fait valoir en faveur de la République fédérale. Nous voudrions les inculquer autant que possible dans la mémoire du peuple :

1° Par la République fédérale, suppression des coups d'Etat et des révolutions périodiques ; ce sont les dangers que l'on court dans la République unitaire et centralisatrice.

2° Dans la République fédérale, la fédération se propageant de peuple à peuple, on arriverait au licenciement des armées permanentes et momentanément, dans une fédération française, chacun en temps de paix serait oldat dans sa province. Ce serait le levier des faiseurs de oups d'Etat qui serait brisé et par la suite la cessation e la guerre de peuple à peuple et dans tous les Etats ıne forte économie qui servirait à l'amélioration du sort le la population.

En effet, nous rappellerons que si l'on avait épargné tous es milliards gaspillés et les deux millions d'hommes morts que nous ont coûtés les guerres de l'Empire, on aurait pu les employer à l'instruction populaire, à la création des asiles laïques pour les vieillards et les invalides du travail et des orphelinats, à l'amélioration des routes, à l'endiguement des fleuves et à la canalisation de leurs eaux pour l'arrosage du territoire, ou reboisement des montagnes et ces améliorations nous auraient évités toutes les inondations que nous avons subies depuis le commencement de ce siècle. Enfin, le gouvernement au lieu d'aliéner à des Compagnies la circulation publique en concédant les principales lignes du chemin de fer, aurait pu les créer lui-même avec les économies que l'on aurait faites et toutes ces fautes ont été commises à cause du gouvernement, *un et indivisible*, et surtout *centralisateur*.

On dira que la première République a fait également la guerre, mais c'était une guerre de défensive et de propagande, de liberté, tandis que les guerres de l'Empire étaient offensives et ordonnées seulement pour satisfaire l'ambition effrénée d'un seul homme, d'un Napoléon, qui avait violé à l'avance toutes les lois de la liberté.

3° La République fédérale serait le triomphe de l'autonomie administrative de la province et de la commune, de la liberté individuelle et collective se respectant mutuellement, ce serait par elle que se résoudrait plus facilement la question sociale qui est à l'ordre du jour et la Constitution proclamerait la solidarité républicaine en reconnaissant à chacun le droit de vivre de son travail par la suppression de l'exploitation de l'homme su l'homme.

4° La République Fédérale reconnaissant l'autonomi de la liberté individuelle tant qu'elle n'est pas en opposi tion avec la liberté d'autrui, se prononcerait aussi pou la liberté de conscience, qui en est une conséquence, pa la séparation de l'Eglise et de l'Etat ; tous les cultes re connus par la loi étant une atteinte portée à cette liberté. Les différents clergés seraient soumis à la loi commune et toutes les religions pourraient être discutées sans encourir les rigueurs de la loi, laissant à leurs partisans le soin de les défendre par la discussion.

5° De la liberté individuelle et collective découleraient nécessairement les autres libertés de la presse, du droit de réunion et d'association.

6° Quant à la présidence et au Sénat, avec la République Fédérale, ils ne seraient plus un danger, « preuve, la République des Etats-Unis d'Amérique ». Ils ne seraient plus que des embarras et des sinécures que l'on pourrait supprimer.

7° Tous les corps électifs devraient être élus pour trois ans seulement et renouvelés par tiers chaque année. Le pouvoir pondérateur se trouverait ainsi dans les mains du suffrage universel.

8° Dans une République Fédérale, toutes ces libertés et tous ces droits devraient être insérés dans la Constitution qui serait soumise à l'acceptation du peuple, qui pourrait la modifier par ses votes. Elle ne serait révisable qu'avec son consentement. Ce serait le règne de la véritable souveraineté nationale et la plus puissante digue opposée à toutes les restaurations monarchiques.

Tel doit être, dans toutes les élections, le programme des républicains fédéralistes socialistes.

Beaucoup de nos amis nous reprochent que notre programme fédéraliste est trop accentué, qu'il n'est pas bien compris dans la masse électorale et que de longtemps la République Fédérale Sociale n'aura pas la majorité en France. Nous faisons notre devoir, advienne que pourra, ainsi que dit le proverbe.

A ce sujet nous rappellerons qu'en 1793, la Convention Nationale avait les trois-quarts de la France insurgée contre elle, et, de plus, le sol de la patrie envahi par les armées étrangères. Si en ce moment elle avait faibli, si elle avait consulté le corps électoral effrayé, nul doute qu'elle n'eût été battue : mais elle tint bon et elle finit par triompher, comme le lui recommandait Danton, elle eut de l'audace, encore de l'audace et toujours de l'audace pour en arriver à la liberté et à l'égalité. Nous dirons aussi à nos contradicteurs : *Aujourd'hui vous êtes le présent, demain vous serez le passé et nous sommes l'avenir.*

Les partisans de la République Fédérale font un appel du peuple que l'on a tenu dans l'ignorance, au futur peuple instruit et mieux éclairé.

VIVE LA RÉPUBLIQUE DE L'UNITÉ NATIONALE DANS LA FÉDÉRATION OU FÉDÉRATIVE DANS L'UNITÉ.

L[s] MONGES,

Membre du Conseil Municipal suspendu par l'arrêté de M. de Tracy du 30 mars 1874.

Marseille. — Imp. Générale Achard et Cie, rue du Chevalier-Roze, 3 et 5

La reproduction de cette brochure de propagande est autorisée par l'auteur.

www.ingramcontent.com/pod-product-compliance
Lightning Source LLC
LaVergne TN
LVHW020311230826
846091LV00006B/2630

* 9 7 8 2 0 1 1 7 5 8 8 9 7 *